Eugen U. Fleckenstein

Statistisch gesehen

Statistiken und Geschichten über die Schweiz

D1726684

www.werdverlag.ch

Eugen U. Fleckenstein (* 1958) studierte Freie Malerei an der Akademie der Künste in Stuttgart und wanderte anschliessend nach Zürich aus, wo er sich der Illustration und dem Comic zuwandte. Er entwarf Sujets für renommierte Werbeagenturen, illustrierte Texte zu wissenschaftlichen Themen, entwarf Dekorationen für Biergläser und Aschenbecher sowie eine Swatch für Zürich. Er beschäftigt sich heute vermehrt mit gezeichneten Reportagen.

Eugen U. Fleckenstein

Statistisch gesehen

Statistiken und Geschichten über die Schweiz

WERDVERLAG.CH

Impressum

Alle Angaben in diesem Buch wurden von den Autoren nach bestem Wissen und Gewissen erstellt und von ihnen und dem Verlag mit Sorgfalt geprüft. Inhaltliche Fehler sind dennoch nicht auszuschliessen. Daher erfolgen alle Angaben ohne Gewähr. Weder Autoren noch Verlag übernehmen Verantwortung für etwaige Unstimmigkeiten.

Alle Rechte vorbehalten, einschliesslich diejenigen des auszugsweisen Abdrucks und der elektronischen Wiedergabe.

Die Comics von Eugen U. Fleckenstein erscheinen seit 2007 wöchentlich in der Schweizer Familie

AUTOR, ILLUSTRATOR, GESTALTUNG UND SATZ
Eugen U. Fleckenstein, CH-8707 Uetikon am See

KORREKTORAT
Iris Lengyel, Werd & Weber Verlag AG, CH-3645 Thun/Gwatt

ISBN 978-3-85932-806-8
www.werdverlag.ch
www.weberverlag.ch

Vorwort

Eugen U. Fleckenstein, der die durchschnittliche Körpergrösse seiner Landsleute (1,80 m) nicht ganz erreicht, was er aber mit überdurchschnittlichen Phantasie- und Fabulierlust-Werten mehr als wettmacht, darf ich seit mehr als 10 950 Tagen meinen Freund nennen. Zusammen haben wir über 50 Hektoliter Bier vernichtet und mindestens zwei Arten von Speisefischen erheblich dezimiert, 5,2 Prozent aller Länder dieser Welt bereist und dabei an die 20 000 Tonnen CO_2 in den Himmel geblasen.

Nur – was sagen uns diese Zahlen? Wofür sollen Statistiken gut sein? Wem nützt das Wissen, dass in den Niederlanden die grössten, in Indonesien die kleinsten Menschen leben, der durchschnittliche IQ bei 100 liegt, eine Pizza im Mittel 1000 Kalorien hat, Neugeborene zwischen 50 und 52 cm gross sind, und die durchschnittliche Penislänge in schlaffem Zustand 9,16 cm beträgt (wobei die Franzosen behaupten, ein paar Zentimeter mehr zu besitzen)?

Statistiken sind an und für sich langweilig, sie verallgemeinern, fassen zusammen, scheren alles über ein und denselben Kamm. Aber als Basis für spannende Geschichten eignen sie sich durchaus, sofern man genauer hinschaut und versucht, die Krümel unter der Tortengrafik aufzupicken, menschliche Abgründe und Höhenflüge hinter den Zahlen zu entdecken. Einer, der dies seit Jahren tut, ist der Zeichner und Illustrator Eugen Fleckenstein, der sich als langjähriger Teilzeit-Infografiker mit Statistiken auskennt und sich deshalb traut, sie nicht als fertiges Produkt, sondern als Rohmaterial für seine Cartoons zu betrachten und zu benutzen. Und das tut er mit statistisch nicht erfassbarer Virtuosität.

Christoph Schuler, Redaktor und Mitherausgeber des
Comic-Magazins STRAPAZIN

8 Prozent der jugendlichen Schweizer
Smartphone-Besitzer zeigen Anzeichen von
Suchtverhalten gegenüber ihrem
Smartphone.

Quellen: Bernet Blog.ch/Serranetga.com

Rund 60 Prozent der Facebook-Nutzer sind über
30 Jahre alt. Am meisten steigt die Altersgruppe
der über 50-Jährigen.

In der Schweiz geschehen jährlich
durchschnittlich 46 000 Unfälle beim
Wintersport.

Quelle: SUVA

Stolpern und Stürzen ist die häufigste
Unfallursache in der Schweiz und zieht jährlich
Kosten von über einer Milliarde
Franken nach sich.

Quelle: Kanton Aargau

2012 hat die Reinigung entlang der
Kantonsstrassen im Aargau erstmals über eine
Million Franken gekostet. Grosse Probleme
bereiten unter anderem Getränkedosen, die in
Tierfutter geraten können.

Quelle: BFS

Auf dem Land spielen doppelt so viele Personen
ein Blasinstrument wie in der Stadt.

Quelle: KTipp

Schweizer Roamingtarife für ausgehende
Anrufe sind laut Bundesamt für Kommunikation
im mehrjährigen Durchschnitt 70 Prozent
höher als in der EU.

Quelle: Tagesanzeiger

Die Hälfte aller Schulhäuser und Kindergärten in Zürich hat WLAN-Anschluss. Bis 2017 sollen alle Klassenzimmer kabellosen Zugriff auf das Internet haben.

Quelle: Karrierebibel

Laut einer Untersuchung der Universität
Groningen regt eine unaufgeräumte
Umgebung eher zu unkonventionellen
Lösungswegen an.

Die Schweiz belegte 2014 zum sechsten Mal in Folge den ersten Platz in der Rangliste des WEF als wettbewerbsfähigstes und innovativstes Land der Welt.

Quellle: Tagesanzeiger

Die Ökobilanz von Elektroautos ist weitaus
schlechter als bisher angenommen, wenn
die Produktion der Fahrzeuge und Batterien,
Strommix, Gewicht und Leistung
eingerechnet wird.

Quelle: NZZ

2014 wurden schweizweit schätzungsweise
220 000 Spritzen gegen Falten verabreicht.

Schweizerinnen und Schweizer essen
17 Kilogramm Äpfel pro Jahr. Um diese Nachfrage
zu decken, produzieren die inländischen
Obstbauern jährlich rund 140 000 Tonnen
Tafeläpfel.

60 bis 70 Prozent aller Wirkstoffe unserer
Arzneimittel stammen aus Pflanzen oder
sind aus der Natur abgeleitet.

Quelle: Beobachter

Jährlich besuchen mehr als 1500 Personen
Schulungen um die Bedienung von
SBB-Ticketautomaten zu erlernen.

Quelle: SRF

Über 44 Prozent der Schweizer Bevölkerung
gehen regelmässig wandern.

Quelle: SBB

2015 kamen 87,8 Prozent der SBB-Kunden
rechtzeitig ans Ziel.

Quelle: Tagesanzeiger

Das Briefvolumen der Schweizer Post sinkt jedes
Jahr um 1 bis 2 Prozent.

Quelle: SRF

Yoga wird mittlerweile weltweit von
schätzungsweise 250 Millionen Menschen
praktiziert.

Quelle: Tagesanzeiger

Musik hat vor allem bei schlecht
trainierten Sportlern einen guten Einfluss auf
die sportliche Leistung.

Durch den Neat-Tunnel soll die Zugfahrt von Zürich nach Lugano ab 2020 weniger als zwei Stunden dauern. Heute müssen Bahnkunden für diese Strecke mindestens zwei Stunden und 37 Minuten einrechnen.

2015 sind insgesamt 427 168 motorisierte
Strassenfahrzeuge neu in Verkehr gesetzt
worden, 7,7 Prozent mehr als im Vorjahr.

90 Prozent des weltweiten Warenhandels werden
auf dem Seeweg transportiert. Die Schweiz steht
in diesem Wirtschaftszweig an zweiter Stelle.

Quelle: Kuoni Ferienreport

Für 53 Prozent der Schweizer Bevölkerung zählt
das Naturerlebnis zu den wichtigsten Faktoren
für ihre Erholung in den Ferien.

Quelle: NZZ

Gemäss einer Schweizer Studie haben Kinder, die
bereits in der Primarschule Frühenglisch hatten,
keinen Vorteil gegenüber Spätlernern.

«1, 2, 3, 4» ist der am häufigsten benutzte
PIN-Code. 11 Prozent der Konsumenten nehmen
diese Zahlenfolge als Geheimzahl.

Quelle: Landwirtschaftlicher Informationsdienst

In der Schweiz werden jährlich 13 600 Tonnen
Kopfsalat geerntet.

Rund 0,3 Prozent der Schweizer Bevölkerung ernähren sich vegan, verzichten also auf absolut alle tierischen Produkte.

Jeder dritte Laden in der Schweiz ist durch den
Online-Handel von einer Schliessung bedroht.

Frauen in Mitteleuropa kaufen durchschnittlich
4,1 Schuhe pro Jahr und geben dafür
150 Euro aus.

Quelle: European Food Council EUFIC

Eine mittelgrosse gekochte Kartoffel deckt mit
rund 10 Milligramm Vitamin C etwa ein Achtel
des Tagesbedarfs eines Erwachsenen.

In der letzten Pisa-Studie wurden 14 Prozent
der Schweizer Schüler und Schülerinnen
als leseschwach eingestuft.

Quelle: Coop

27 Prozent der Schweizer Bevölkerung
verwenden oft Fertigprodukte,
1 Prozent ernährt sich ausschliesslich
von Fertigprodukten.

Quelle: Schweizerisches Toxikologisches Zentrum

2005 bis 2013 gab es durchschnittlich
79 Pilzvergiftungen pro Jahr.

Rund 21 bis 32 Billionen US-Dollar
unversteuertes Geld lagern in Offshore-Banken
auf den Cayman Islands, Bahamas und in anderen
Steuerparadiesen.

Quelle: 20 Minuten

Jede neue Fünfzig-Franken-Note kostet
in der Herstellung 40 Rappen und ist damit
10 Rappen teurer als in der vorherigen
Banknotenserie.

24 Prozent der 25- bis 34-jährigen Frauen
kaufen sich neue Kleider für die Ferien.

Junge Schweizer Konsumenten bis 25 Jahre
machen am liebsten Strandferien und
Städtereisen.

Schweizer Einwohner nehmen durchschnittlich
2661 kcal zu sich, rund 20 bis 30 Prozent über
den empfohlenen 2010 bis 2245 kcal.

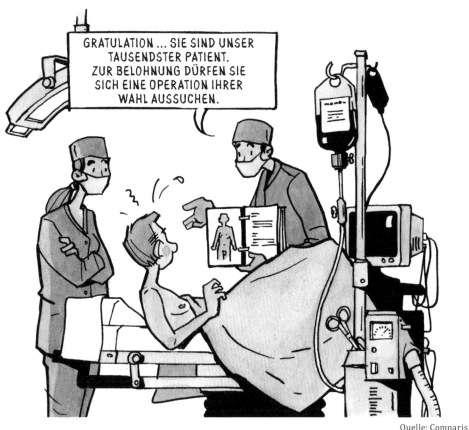

Jeder fünfte Arzt, der im Operationssaal arbeitet
ist der Meinung, dass manche Operation nicht
unbedingt notwendig wäre.

Einwohner der Schweiz fliegen im Durchschnitt
5,5 Mal pro Jahr.

2015 registrierte der Schweizer Zoll 2377 Fälle
von gefälschten Markenartikeln.

Im Juni 2016 regnete es in Zürich so viel wie
zuletzt im 19. Jahrhundert.

Quelle: Tagesanzeiger

Schweizer Kinder verbringen 30 Prozent
weniger Zeit mit dem Spielen im Freien
als vor 15 Jahren.

Quelle: Kuoni Ferienreport

31 Prozent der Schweizer Bevölkerung
suchen hauptsächlich Ruhe
in den Ferien.

Quelle: Beobachter

Jede dritte Person in der Schweiz glaubt, an einer
Unverträglichkeit oder Allergie zu leiden.
Bei fast der Hälfte der Betroffenen lässt sich
aber medizinisch nichts nachweisen.

Quelle: Biosuisse

Der Biomarkt erreichte 2015 in der Schweiz einen
Marktanteil von 7,7 Prozent.

Die Zahl der Schweizer Bio-Produzenten nach
den Richtlinien von Bio Suisse stieg 2015 auf über
6000, bei einer bewirtschafteten Fläche von
137 000 Hektar.

Quelle: Trendmonitor

Laut einer Deutschen Studie lohnt sich das
Erfassen der Waren durch die Kunden im
Supermarkt nur bei kleinen Einkäufen bis zu
15 Artikeln. Einen vollen Einkaufswagen
abzurechnen dauert über 20 Minuten.

Die Vereinigung Slow Food, die einen
geruhsamen und sinnlichen Lebensstil mit
nachhaltig produzierten Lebensmitteln fördern
will, hat rund 80 000 Mitglieder.

Quelle: Aargauer Zeitung

4827 Panini-Bilder müssen gekauft werden, um
ein Album von 680 Bildern zu füllen.

Quelle: Verbraucherzentrale Südtirol

Laut einer österreichischen Studie könnten bis zu 60 Prozent der Kinderunfälle durch vorbeugende Massnahmen vermieden werden.

Quelle: SKOS, Beobachter

Über 260 000 Menschen beziehen in der Schweiz
Sozialhilfe. In einem Einpersonenhaushalt
stehen für den Grundbedarf 30 Franken
pro Tag zur Verfügung.

Quelle: Swissinfo

76,9 Prozent der Schweizer Stimmbürger lehnten
die Initiative für ein bedingungsloses
Grundeinkommen ab.

Quelle: BFS

Eine nichterwerbstätige Mutter mit einem Kind
im Alter bis zu 2 Jahren, ist im Schnitt
65,4 Stunden pro Woche mit
Haus- und Familienarbeit beschäftigt.

Quelle: Tagesanzeiger

Schweizer Einwohner haben mit 82,8 Jahren
weltweit die höchste Lebenserwartung.

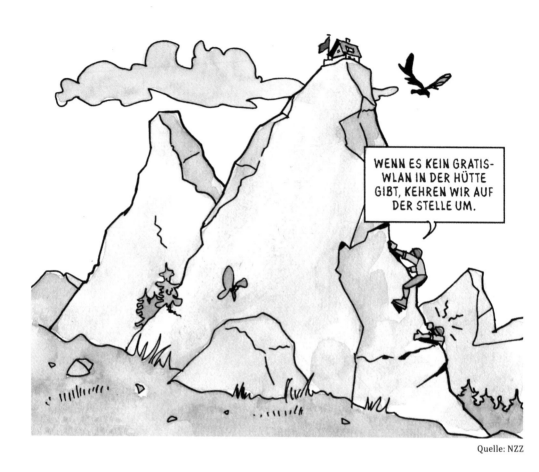

Quelle: NZZ

Für 34 Prozent der Ferienreisenden ist
Gratis-Zugang zum Internet das wichtigste
Entscheidungskriterium bei der Wahl
eines Hotels.

Schweizer Kunden bestellten 2015 im Internet
Waren im Wert von insgesamt 7,2 Milliarden
Franken – das sind 7,5 Prozent mehr als 2014.

Quelle: Kuoni Ferienreport

59 Prozent der Schweizer Reisenden wollen
kulturelle Erfahrungen in den Ferien machen.

Quelle: Kuoni Ferienreport

Für 52 Prozent der Schweizer sind Ferien wichtig, um Zeit mit dem Partner oder der Partnerin zu verbringen.

Quelle: BFS

In der gesamten Schweiz gibt es 410 Camping-
plätze mit 55 369 Plätzen. Die meisten befinden
sich im Wallis und im Berner Oberland.

15 Prozent aller Schweizer Haustiere
sind stark übergewichtig.

Quelle: News.ch

Unter Einfluss der sozialen Medien erhöhte sich
die Zahl der Haartransplantationen,
Augenlid- und Nasenkorrekturen.

Schöne Menschen haben mehr Erfolg auf dem
Arbeitsmarkt und bekommen ein höheres
Einkommen als weniger attraktive Menschen.

Quelle: Blick.ch

2012 ass jede Schweizerin und jeder Schweizer
51,72 Kilogramm Fleisch, am meisten
Schweinefleisch, gefolgt von Geflügel und Rind.

Quelle: 20 Minuten

Mit Ausnahme von wenigen Metropolen,
ist sportliche Betätigung in den Städten trotz
Luftverschmutzung gesund.

In der Schweiz werden jährlich bei rund 150
Operationen Gegenstände im Körper der
Patienten vergessen.

Gemäss der letzten Schweizerischen
Gesundheitsbefragung von 2007 ernähren sich
4,1 Prozent der Frauen und 1,3 Prozent der
Männer vegetarisch.

Quelle: Handelszeitung

21 Prozent der Schweizer
Bevölkerung legen am liebsten Bargeld
unter den Weihnachtsbaum.

Die Schneefallgrenze wird in der Schweiz laut
einer Prognose des Bundesamts für Umwelt
bis 2050 voraussichtlich um bis zu
350 Meter ansteigen.

Quelle: Bundesamt für Polizei, Fedpol

In der Schweiz werden jährlich rund
3000 Tonnen Sprengkörper und
1700 Tonnen pyrotechnische Gegenstände
verbraucht.

Quelle: Der Spiegel

Etwa jeder hundertste Koffer geht beim
Fliegen verloren.